I0054006

Matthias Fiedler

Nuálaíocht ar mheaitseáil eastát réadaigh: Conas an Próiseas Idirghabhála Eastát Réadaigh a Éascú

Meaitseáil eastát réadaigh: an slí idirghabhála atá éifeachtach, éasca agus proifisiúnta, trí thairseach le haghaidh meaitseáil eastát réadaigh

Inphrionta

1ú eagrán clóite | Feabhra 2017
(Foilsithe i nGearmáinis ó thús, Nollaig 2016)

© 2016 Matthias Fiedler

Matthias Fiedler
Erika-von-Brockdorff-Str. 19
41352 Korschenbroich
An Ghearmáin
www.matthiasfiedler.net

Clódóireacht agus táirgeacht:
féach ar an leathanach deiridh

Dearadh an chlúdaigh: Matthias Fiedler
Cruthú an r-leabhair: Matthias Fiedler

Gach ceart ar cosaint.

ISBN-13 (clúdach bog): 978-3-947184-81-1
ISBN-13 (r-leabhar mobi): 978-3-947128-97-6
ISBN-13 (r-leabhar epub): 978-3-947128-98-3

Tá an obair seo agus gach cuid de faoi chosaint cóipchearta. Ní cheadaítear aon úsáid a bhaint as an obair seo go hiomlán nó go páirteach gan cead i scríbhinn ón údar, faoi réir pionóis. Baineann sé sin go háirithe le dúbláil, atáirgeadh, aistriúchán, taifeadadh, athrú, eagarthóireacht, dáileachán agus foilseachán de chineál ar bith, leictreonach nó eile (m.s. trí ghrianghrafadóireacht, micreascannán nó próisis eile).

Sonraí bibleagrafaíocha ag an Leabharlann Náisiúnta na Gearmáine: Chláraigh an Leabharlann Náisiúnta na Gearmáine an foilseachán seo ar an mBibleagrafaíocht Náisiúnta na Gearmáine; tá teacht ar líne ar mioneolas bibleagrafaí ar http://dnb.d-nb.de.

ACHOIMRE

Faightear sa leabhar seo coincheap réabhlóideach i gcomhair aip tairsigh domhanda le haghaidh meaitseáil eastát réadaigh, chomh maith le háireamh brabúis measta (billiúin euro) agus é comhtháite le bogearraí bróicéireachta eastát réadaigh ina bhfuil luacháil réadmhaoine (trilliúin euro brabúis measta).

Cuireann an aip sin ar do chumas réadmhaoin cónaithe agus tráchtála a idirghabháil go héifeachtach agus ar bhealach áisiúil. Is é seo todhchaí an idirghabhála eastát réadaigh ar bhealach proifisiúnta nuálach, a chabhróidh le gach bróicéir eastát réadaigh, chomh maith le ceannaitheoirí agus tionóntaí dóchúla. Oibríonn an próiseas meaitseála eastát réadaigh i nach mór gach tír, agus go hidirnáisiúnta fiú.

In áit bróicéirí ag "ofráil" réadmhaoine do cheannaitheoirí dóchúla, déantar meaitseáil idir an dá pháirtí tríd an dá phróifíl cuardaigh ar an tairseach le haghaidh meaitseáil eastát réadaigh, agus ansin sioncrónú agus nascadh le fógraí réadmhaoine na mbróicéirí eastát réadaigh.

ÁBHAIR

Réamhrá   07

1. Nuálaíocht ar mheaitseáil eastát réadaigh: Conas
an próiseas idirghabhála eastát réadaigh a éascú   08

2. Spriocanna atá ag ceannaitheoirí agus díoltóirí
dóchúla   09

3. Cuir chuige i gcomhair cuardú eastát réadaigh
go dtí seo   10

4. Míbhuntáistí a bhaineann le díoltóirí príobháideacha
/ buntáistí a bhaineann le bróicéir eastát réadaigh   12

5. Meaitseáil eastát réadaigh   14

6. Feidhmeanna   21

7. Buntáistí   22

8. Ríomhaireacht shamplach (molta)   24

9. Conclúidí   34

10. Conas an tairseach le haghaidh meaitseáil eastát
réadaigh a chomhcheangail le bogearraí bróicéireachta
eastát réadaigh ina bhfuil luacháil réadmhaoine   37

RÉAMHRÁ

Sa bhliain 2011, cheap mé agus d'fhorbair mé coincheap an eastáit réadaigh nuálach, atá cur síos déanta air sa pháipéar seo.

Tá mé ag obair san earnáil eastát réadaigh ó 1998 (chomh maith le hidirghabháil eastát réadaigh, ceannachán agus díolachán, luacháil, cíos agus forbairt réadmhaoine). Tá mé, go príomha, i mo ghníomhaí cáilithe (IHK), eacnamaí eastát réadaigh (ADI) agus saineolaí i luacháil réadmhaoine (DEKRA). Chomh maith leis, tá mé i mo bhall den Royal Institution of Chartered Surveyors (MRICS), atá aitheantas idirnáisiúnta air.

Matthias Fiedler

Korschenbroich, 31 Deireadh Fómhair 2016

www.matthiasfiedler.net

1. Nuálaíocht ar Mheaitseáil Eastát Réadaigh: conas an próiseas idirghabhála eastát réadaigh a éascú

Meaitseáil eastát réadaigh: an bhróicéireacht eastát réadaigh atá éifeachtach, éasca agus proifisiúnta, trí thairseach le haghaidh meaitseáil eastát réadaigh

In áit bróicéir ag cur réadmhaoine "ar fáil" do chustaiméirí dóchúla, déantar meaitseáil idir próifíl cuardaigh an cheannaitheora san aip tairsigh le haghaidh meaitseáil eastát réadaigh, agus ansin déantar é a shioncrónú agus a nascadh le réadmhaoin an bhróicéara eastát réadaigh.

2. Spriocanna atá ag ceannaitheoirí agus díoltóirí dóchúla

Is rud tábhachtach é do thiarna talún nó díoltóir réadmhaoine a réadmhaoin a dhíol nó a ligean ar cíos go gasta agus ar an bpraghas is airde.

Ó thaobh an cheannaitheora nó tionónta dóchúil, áfach, is tábhachtach dóibh an réadmhaoin is oiriúnaí de réir a mhianta pearsanta a aimsiú, agus ansin bheith ábalta é a cheannach nó a ghlacadh ar cíos go gasta agus gan stró.

3. Cuir chuige i gcomhair cuardú eastát réadaigh go dtí seo

De ghnáth, déanann daoine atá ag lorg eastát réadaigh cuardach le haghaidh réadmhaoin ina gceantar féin sna tairseacha eastát réadaigh ar líne. Tar éis dóibh próifíl cuardaigh a chruthú ansin, is féidir leo postálacha nó liosta leis na hionaid réadmhaoine agus a naisc a fháil ar r-phoist. Déantar é sin ar 2 go 3 thairseach eastát réadaigh éagsúla san am céanna den chuid is mó. I ndeireadh na mbearta, déantar teagmháil leis an ndíoltóir, ar r-phoist de ghnáth, agus bíonn deis air teagmháil a dhéanamh leis na páirtithe a léirigh suim san idirbheart.

Chomh maith leis sin, is féidir teagmháil a dhéanamh le bróicéirí eastát réadaigh i gceantar faoi leith atá próifíl cuardaigh acu.

Tá díoltóirí príobháideacha agus tráchtála ann sna tairsigh eastát réadaigh sin. Is gníomhaithe eastát réadaigh iad na díoltóirí tráchtála de ghnáth. Feictear conraitheoirí tógála, gníomhaithe eastát réadaigh agus gnóthaí eile a bhaineann le heastát réadach. (Glaotar díoltóirí tráchtála ar na mbróicéirí eastát réadaigh ar an téacs).

4. Míbhuntáistí a Bhaineann le Díoltóirí Príobháideacha / buntáistí a bhaineann le bróicéir eastát réadaigh

Ó thaobh díoltóir príobháideach, ní hionann réadmhaoin le díol agus díolachán láithreach i gcónaí. Mar shampla, i gcás réadmhaoine ó oidhreacht, d'fhéadfadh díospóid tarlú i measc na hoidhrí nó de bharr gan uacht bheith ar fáil. Chomh maith leis sin, d'fhéadfadh le cúrsaí dlí, ar nós cearta cónaithe, tuilleadh deacrachtaí a chur le díolachán.

D'fhéadfadh le hionaid réadmhaoine áirithe atá curtha ar cíos ag tiarnaí talún príobháideacha gan bheith faofa go hoifigiúil. Mar shampla, má bhíonn réadmhaoin fógraithe mar árasán ar cíos, atá ina áit tráchtála i ndáiríre.

Más bróicéir eastát réadaigh é an díoltóir, ní bhíonn na fadhbanna thuas comónta san idirbheart. Anuas air sin, bíonn gach doiciméid a bhaineann leis (plean urláir, leagan amach, teastas fuinnimh, clár talún, doiciméid oifigiúla, srl.) ar fáil go hiondúil. Dá bhrí sin, is féidir tabhairt faoi dhíolachán nó cíos le bróicéir gan stró.

5. Meaitseáil eastát réadaigh

Is tábhachtach straitéis a chur ar fáil ar bhealach proifisiúnta sistéamach, ionas gur féidir díoltóir agus ceannaitheoir a mheaitseáil.

Anseo úsáidtear cur chuige aisiompaithe ina féidir le bróicéirí eastát réadaigh na custaiméirí atá suim acu a aimsiú, agus an rud céanna droim ar ais. Dá bhrí sin, in áit réadmhaoin a "ofráil" don ceannaitheoir nó tionónta, déantar custaiméirí a mheaitseáil tríd na bpróifíle cuardaigh ar an aip mheaitseála eastát réadaigh agus a nascadh le réadmhaoin na mbróicéirí eastát réadaigh atá fógraithe.

Ar an chéad céim seo, socraíonn na ceannaitheoirí dóchúla próifíl saincheaptha cuardaigh ar an tairseach le haghaidh meaitseáil eastát réadaigh. Tá 20 ghné éagsúla ag an bpróifíl cuardaigh seo. Tá na gnéithe a leanas agus eile (ní liosta iomlán é an liosta seo) tábhachtach don próifíl cuardaigh seo:

- Ceantar / cód poist / contae

- Cineál oibiachta

- Méid an mhíre

- Spás maireachtála

- Praghas díolacháin/cíos

- Bliain tógála

- Líon na n-urláir

- Líon na seomraí

- Ar cíos (tá / níl)

- Íoslach (tá / níl)

- Balcóin / léibheann (tá / níl)

- Cineál téimh

- Áit páirceála (tá / níl)

Is tábhachtach sa chuid seo gan na tréithe a scríobh isteach, ach iad a roghnú. Níl le déanamh ach cliceáil ar na réimsí nó iad a oscailt (mar shampla, "cineáil oibiachta") ó liosta roghanna (mar shampla i gcomhair cineál oibiachta: árasán, teach teaghlaigh, teach trádstórais, oifig, srl.)

Tá rogha ag ceannaitheoirí dóchúla níos mó ná próifíl cuardaigh amháin a shocrú. Is féidir athruithe a dhéanamh ar phróifíl cuardaigh chomh maith.

Ní mór do na páirtithe i gceist sonraí teagmhála a thabhairt go críochnúil, lena n-áirítear sloinne, céad ainm, seoladh poist agus uimhir an tí, cód poist, contae, uimhir gutháin agus r-phoist.

Sa chomhthéacs seo, tugann na páirtithe i gceist cead do na bróicéirí eastát réadaigh teagmháil a dhéanamh leo agus réadmhaoin ábharach dóibh a sheoladh (exposés).

Cuirtear conradh i bhfeidhm chomh maith idir na páirtithe sin agus riarthóir an tairsigh le haghaidh meaitseáil eastát réadaigh.

Sa chéad céim eile, cuirtear na próifíle cuardaigh ar fáil ar API, nó comhéadan feidhmchláir (cosúil leis an API "openimmo" sa Ghearmáin mar shampla) ionas gur féidir le bróicéirí eastát réadaigh iad a aimsiú. Ní bhíonn na bróicéirí sin so-fheicthe go fóill, cé go bhfuil siad páirteach ann. Is fiú tabhairt faoi deara go nglacann an API seo - atá ina chuid lárnach den feidhmchlár - le gach bogearraí idirghabhála eastát réadaigh in úsáid, nó an t-aistriúchán sonraí a chinntiú. Murab amhlaidh, ba chóir é sin a chur i bhfeidhm go teicniúil. De bharr go bhfuil comhéadain mar an API "openimmo" thuasluaite agus APIanna eile in úsáid cheana féin, ba cheart go mbeadh aistriúchán próifíle indéanta.

Is féidir le bróicéirí eastát réadaigh a n-ionaid réadmhaoine a chur i gcomparáid le chéile tríd na bpróifíle cuardaigh. Anseo cuirtear réadmhaoin ar an tairseach le haghaidh meaitseáil eastát réadaigh agus déantar na gnéithe a bhaineann leo a shioncronú agus a nascadh.

Taispeántar céatadán a bhaineann leis an meaitseáil nuair a n-éiríonn leis. Má tharlaíonn meaitseáil 50%, mar shampla, bíonn an próifíl cuardaigh le feiceáil ar an mbogearraí bróicéireachta eastát réadaigh, mar shampla.

Anseo bíonn gach aon ghné ualaithe in aghaidh a chéile (córas na bpointí), ionas go bhfuil céatadán don meaitseáil mar thoradh ar an gcomparáid a rinneadh leis na gnéithe (dóchúlacht meaitseála randamach). Mar shampla, bíonn an ghné "cineál oibiachta" ualaithe níos minice ná an ghné "spás maireachtála". Anuas air seo, is féidir gnéithe ar leith a roghnú (íoslach, mar shampla), a d'fhéadfadh a bheith ag an ionad réadmhaoine.

I rith na comparáide ghnéithe le meaitseáil, ní mór duit bheith cúramach rochtain a thabhairt do na bróicéirí ar na ceantair is fearr dóibh (curtha in áirithe). Íslíonn sé sin an obair meaitseála sonraí, go háirithe i gcomhair bróicéirí eastát réadaigh, a bhíonn ag obair ar bhonn áitiúla de ghnáth. Ní mór tabhairt faoi deara gur féidir cuid mhór sonraí a stóráil agus a phróiseáil inniu le gné a nglaotar an scamall.

Chun cinntiú go mbeidh idirghabháil eastát réadaigh déanta ar bhealach proifisiúnta, ba chóir rochtain a thabhairt ar na próifíle cuardaigh do bhróicéirí eastát réadaigh amháin.

Déanann na bróicéirí eastát réadaigh comhaontú le riarthóir an tairsigh le haghaidh meaitseáil eastát réadaigh, don chúram seo.

Tar éis meaitseála, bíonn seans ag na bróicéirí teagmháil a dhéanamh leis na bpáirtithe atá suim acu san idirbheart, agus an rud céanna droim ar ais. Ciallaíonn sé sin chomh maith go ndéantar taifead ar thuairisc gníomhaíochta nó éileamh an bhróicéara ar choimisiún i gcás ceannacháin nó cíos, gach uair a sheolann bróicéir exposé chuig an gceannaitheora.

Cuirtear i gcás go bhfuil an úinéir (díoltóir nó tiarna talún) tar éis bróicéir a choimisiúnú chun dualgais idirghabhála na réadmhaoine, nó tar éis aontú le fógraíocht a dhéanamh ar an réadmhaoin.

6. Feidhmeanna

Baineann an meaitseáil eastát réadaigh ar a dhéantar cur síos anseo le réadmhaoin le díol agus ar cíos sa réimse árasáin agus réadmhaoine tráchtála. Teastaíonn gnéithe réadmhaoine sa bhreis i gcomhair eastáit réadaigh tráchtála.

D'fhéadfadh le bróicéir bheith ina cheannaitheoir dóchúil chomh maith, cuir i gcás, nuair a bhíonn sé ag obair thar ceann custaiméara.

Ó thaobh fearainn, is féidir an tairseach le haghaidh meaitseáil eastát réadaigh a chur in oiriúint do gach tír.

7. Buntáistí

Tá go leor buntáistí ag baint le meaitseáil eastát réadaigh do cheannaitheoirí dóchúla. Is féidir leo leas a bhaint as nuair atá siad ag lorg réadmhaoine ar bhonn áitiúla (a gceantair cónaithe) nó i gcathair/contae eile mar gheall ar chúrsaí oibre.

Níl le déanamh ach próifíl a shocrú uair amháin ionas gur féidir liostaithe réadmhaoine oiriúnaithe a fháil ó na bróicéirí atá gníomhach sa cheantar roghnaithe.

Is féidir le bróicéirí buntáiste a bhaint as an córas seo, le díolacháin agus cíos a bhíonn éifeachtach áisiúil. Faightear léargas ginearálta láithreach ar cé chomh mór a chuirfeadh ceannaitheoirí/tionóntaí spéis ar an réadmhaoin atá ar fáil acu.

Anuas air sin, is féidir le bróicéirí teagmháil díreach (lena n-áirítear exposés a sheoladh ar eastáit réadach) a dhéanamh leis na grúpaí sprice is oiriúnaí - ciallaíonn sin na daoine atá tar éis go leor machnamh a dhéanamh ar an gcineál réadmhaoine atá uathu, agus próifíl cuardaigh déanta acu mar thoradh air.

Cuireann sé sin feabhas ar an teagmháil le páirtithe atá tuairim diongbháilte acu faoin rud atá á lorg acu. Chomh maith leis, sáraíonn sé sin an gá le cuairteanna a chur in áirithe ina dhiaidh - agus dá bharr, bíonn an tréimhse margaíochta réadmhaoine níos gasta.

De ghnáth, bíonn conradh cíosa nó ceannacháin sínithe tar éis don cheannaitheoir/tionónta cuairt a thabhairt ar an réadmhaoin fógraithe.

8. Ríomhaireacht shamplach (molta) - árasáin agus tithe úinéir-áitithe amháin (ag fágáil as an áireamh na hárasáin nó tithe agus réadmhaoin tráchtála a bheas ar cíos cheana)

Taispeánann an sampla thíos go soiléir gur féidir le tairseach le haghaidh meaitseáil eastát réadaigh bheith cabhrach.

De réir sonraí staidrimh, bíonn 125,000 teach de ghnáth i limistéar uirbeach ina bhfuil 250,000 áitritheoir (líon meánach na n-áitritheoirí i ngach teach: 2). Is é 10% é an meánráta bogtha, go neasach. Ciallaíonn sé sin go mbogann 12,500 teaghlaigh tí gach bliain. Níor cuireadh líon na ndaoine ag bogadh ó/go Mönchengladbach san áireamh. Dá bhrí sin, bíonn thart ar 10,000 teaghlaigh (80%) ag lorg réadmhaoine ar cíos, agus timpeall 2,500 teaghlaigh (20%) ag lorg réadmhaoine le ceannach.

Dar leis an Tuairisc Mhargaíocht Réadmhaoine foilsithe ag an Coiste Comhairleach Chathair Mönchengladbach, bhí 2,613 ionad réadmhaoine ceannaithe sa bhliain 2012. Deimhníonn sé sin an figiúir 2,500 thuas i gcomhair líon na ndaoine atá suim acu i gceannachán. Beidh níos mó ná sin i gceist, ós rud é nach mbeidh réadmhaoin ceannaithe ag gach ceannaitheoir dóchúil. Is féidir a mheas go mbeidh líon na ndaoine atá suim acu i gceannachán, nó líon na bpróifíle cuardaigh, timpeall dhá uair níos mó ná an meánráta dhaoine a bhog tí ar 10% (25,000) próifíl cuardaigh. Cuireann an figiúir sin san áireamh na ceannaitheoirí dóchúla a rinne níos mó ná próifíl cuardach amháin ar an tairseach le haghaidh meaitseáil eastát réadaigh.

Ba chóir a lua chomh maith, de réir taithí, go bhfuair leath líon na bpáirtithe atá suim acu san idirbheart (ceannaitheoirí nó tionóntaí dóchúla) a réadmhaoin ó bhróicéir eastát réadaigh, is é sin 6,250 teaghlaigh ar iomlán go dtí anois.

De réir taithí, áfach, rinne ar a laghad 70% de na teaghlaigh ar fad cuardach ar thairsigh eastát réadaigh ar líne, is é sin 8,750 teaghlaigh ar iomlán (baineann sé sin le 17,500 próifíl cuardaigh).

Dá mbeadh 30% de na páirtithe sin go léir i gcathair ar nós Mönchengladbach - is é sin 3,750 teaghlaigh (a bhaineann le 7,500 próifíl cuardaigh) ag socrú a bpróifíle cuardaigh leis an aip tairsigh le haghaidh meaitseáil eastát réadaigh, bheadh na bróicéirí eastát réadaigh páirteach in ann a gcuid réadmhaoine a chur ar fáil do na ceannaitheoirí dóchúla tríd 1,500 próifíl cuardaigh sonracha (20%), agus do na tionóntaí dóchúla tríd 6,000 próifíl cuardaigh sonracha (80%) gach bliain.

Ciallaíonn sin, i gcathair ag a bhfuil daonra 250,000 agus tréimhse mheánach cuardaigh 10 mhí ar fhad má bhailítear mar shampla €50 ó gach próifíl cuardaigh in aghaidh na míosa, d'fhéadfadh le hioncaim €3,750,000 in aghaidh na bliana teacht ó 7,500 próifíl cuardaigh.

Má dhéantar é sin a réamh-mheas ar an bPoblacht Chónaidhme na Gearmáine, atá timpeall 80,000,000 (80 milliún) áitritheoir ann, meastar ioncaim €1,200,000,000 (€1,2 billiún) in aghaidh na bliana mar thoradh. Cuir i gcás, in áit 30%, má bhíonn 40% de na páirtithe i gceist ag cuardú eastáit réadach ar an tairseach le haghaidh meaitseáil eastát réadaigh, tiocfadh ardú ar an ioncaim, is é sin €1,600,000,000 (€1,6 billiún) in aghaidh na bliana ar iomlán.

Baineann an ioncaim measta seo le hárasáin nó tithe úinéir-áitithe amháin. Níor cuireadh san áireamh réadmhaoin ar cíos nó ar bhonn infheistíochta sa réimhse réadmhaoine cónaithe. Fágadh an réimse réadmhaoine tráchtála ar fad ar lár chomh maith, chun críche na ríomhaireachta measta ioncaim seo.

Ós rud é go bhfuil thart ar 50,000 gnóthaí bainteach leis an réimse bróicéireachta eastát réadaigh sa Ghearmáin, le thart ar 200,000 oibrithe (lena n-áirítear c tógála, gníomhaithe eastát réadaigh agus gnóthaí eile sa réimse eastát réadaigh), agus cuid samplach le 20% de na 50,000 gnóthaí seo ag úsáid an tairsigh seo le haghaidh meaitseáil eastát réadaigh agus 2 cheadúnas acu ar mheán in aghaidh na míosa, faightear toradh - le praghas molta €300 an cheadúnais in aghaidh na míosa, ioncam measta ar €72,000,000 (€72 milliún) in aghaidh na bliana. Anuas air seo, tarlódh áirithint áitiúla i gcomhair na próifíle cuardaigh ansin, agus mar sin, ag brath ar an leagan amach, d'fhéadfadh go leor ioncaim breise teacht mar thoradh air sin.

Ní mór do na bróicéirí gan a mbunachair sonraí cheannaitheoirí dóchúla a nuashonrú go leanúnach a thuilleadh - má bhaineann sé leo - mar gheall ar cé chomh cabhrach is a bheadh an córas seo do na páirtithe atá próifíl cuardaigh acu. Is é ceann de na príomh-chúiseanna leis sin ná go sáraíonn an líon na bpróifíle cuardaigh nuashonraithe an líon na bpróifíle cuardaigh socraithe ag bróicéirí ina mbunachair sonraí.

Má úsáidtear an tairseach nuálach seo le haghaidh meaitseáil eastát réadaigh i roinnt tíortha éagsúla, d'fhéadfadh le ceannaitheoirí dóchúla sa Ghearmáin próifíl cuardaigh a shocrú, mar shampla, i gcomhair árasáin saoire san Oileán Meánmhuirí Mallorca (an Spáinn) agus d'fhéadfadh leis na bróicéirí eastát réadaigh páirteacha i Mallorca árasáin oiriúnacha a chur ar fáil do na ceannaitheoirí/tionóntaí dóchúla sa Ghearmáin trí r-phoist. Má scríobhtar na exposés i Spáinnis, d'fhéadfadh leis na ceannaitheoirí dóchúla an téacs a fháil aistrithe go gasta go Gearmáinis le cabhair ríomhchláir aistriúcháin ar líne.

Chun meaitseáil a dhéanamh ó phróifíle cuardaigh agus réadmhaoin fógraithe ó theanga go teanga, moltar gnéithe faoi leith a mheaitseáil laistigh den tairseach le haghaidh meaitseáil eastát réadaigh, bunaithe ar ghnéithe cláreagraithe (matamaiticiúil) - neamhspleách ón teanga - agus bheadh an teanga curtha air tar éis.

Má úsáidtear an tairseach le haghaidh meaitseáil eastát réadaigh sna mór-roinnte go léir, d'fhéadfadh leis an ioncaim a leanas teacht (i gcomhair daoine ag lorg eastát réadach), de réir eactarshuímh an-shimplithe.

Daonra an domhain:

7,500,000,000 (7.5 billiún) áitritheoir

1. Daonra i dtíortha tionsclaithe agus tíortha atá tionsclaithe don chuid is mó:

   2,000,000,000 (2.0 billiún) áitritheoir

2. Daonra i dtíortha éiritheach:

   4,000,000,000 (4.0 billiún) áitritheoir

3. Daonra i dtíortha i mbéal forbartha:

   1,500,000,000 (1.5 billiún) áitritheoir

Is féidir brabús bliantúil féideartha Phoblacht na Gearmáine, ar luach €1.2 billiún an 80 milliún cónaitheoir, a iompú agus a mheas ar thíortha tionsclaithe, tíortha éiritheach agus tíortha i mbéal forbartha agus na tosca seo sílte.

Tíortha tionsclaithe: 1.0

Tíortha éiritheach: 0.4

Tíortha i mbéal forbartha: 0.1

Cruthaíonn sé sin na ioncaim bliantúla measta seo: (€1.2 billiún x daonra (tíortha forbartha, éiritheach nó i mbéal forbartha) / 80 milliún áitritheoir x toisc).

Tíortha tionsclaithe: € 30,00 billiún

Tíortha éiritheach: € 24,00 billiún

Tíortha i mbéal forbartha: €   2.25 billiún

Iomlán: **€ 56.25 billiún**

9. Conclúid

Tá go leor buntáistí le fáil sa thairseach le haghaidh meaitseáil eastát réadaigh atá mínithe anseo, i gcomhair daoine a bheas ag lorg eastáit réadach (ceannaitheoirí dóchúla) agus bróicéirí eastát réadaigh araon.

Beidh i bhfad níos lú ama ag teastáil ó cheannaitheoirí dóchúla sa chuardach ar eastát réadach, ós rud é gur gá dóibh próifíl cuardaigh a shocrú uair amháin.

Faigheann na bróicéirí léargas cuimsitheach ar líon na gceannaitheoirí dóchúla atá a mianta léirithe acu go beacht (de réir a bpróifíle cuardaigh).

Ní fheicfidh na páirtithe sin ach na fógraí eastát réadaigh atá oiriúnach dá mianta féin (de réir a bpróifíle cuardaigh) ó gach bróicéir eastát réadaigh (sórt réamh-rogha uathoibríoch).

Tógfaidh sé níos lú oibre ar na bróicéirí eastát réadaigh chun bunachair sonraí faoi leith a choimeád i gcomhair próifíle cuardaigh, ós rud é go mbeidh líon mór próifíle cuardaigh reatha ar fáil go buan.

Ós rud é go bhfuil an tairseach le haghaidh meaitseáil eastát réadaigh ar fáil do na soláthraithe tráchtála/bróicéirí eastát réadaigh, beidh na ceannaitheoirí dóchúla ag obair le gníomhaithe proifisiúnta atá taithí acu san earnáil sin.

Beidh níos lú cuairteanna curtha in áirithe ag bróicéirí eastát réadaigh agus beidh an tréimhse margaíochta níos giorra ar iomlán. Ó thaobh ceannaitheoirí dóchúla, tabharfaidh siad níos lú cuairteanna réadmhaoine agus íslítear an t-achar ama idir réadmhaoin a aimsiú agus conradh cíosa nó ceannacháin a shíniú.

Anuas air sin, is féidir leis seo ama a shábháil do húinéirí na réadmhaoine atá le díol nó ar cíos. Chomh maith leis sin, má bhíonn ráta folúntais níos ísle i gcomhair réadmhaoin ar cíos agus íocaíocht níos gasta ar stad réadach de bharr díolachán nó cíos gasta, is ionann é sin agus buntáiste airgeadais freisin.

Má chuirtear an smaoineamh seo san áireamh agus má bhíonn sé curtha i ngníomh i gcomhair meaitseáil eastát réadaigh, tiocfaidh dul chun cinn ar idirghabháil eastát réadaigh dá bharr.

10. Conas an tairseach le haghaidh meaitseáil eastát réadaigh a chomhcheangail le bogearraí bróicéireachta eastát réadaigh ina bhfuil luacháil réadmhaoine

Go hidéalach, d'fhéadfadh agus ba chóir leis an tairseach le haghaidh meaitseáil eastát réadach atá cur síos déanta air anseo, a bheith ina chomhpháirt tábhachtach ag bogearraí bróicéireachta eastát réadaigh nua a bheas in úsáid ar fud an domhain go hidéalach. Ciallaíonn sé sin gur féidir le bróicéirí eastát réadaigh an tairseach le haghaidh meaitseáil eastát réadaigh a úsáid i dteannta lena mbogearraí bróicéireachta eastát réadaigh reatha, nó, go hidéalach, an bogearraí bróicéireachta eastát réadaigh nua a úsáid leis an tairseach meaitseála eastát réadaigh.

Má dhéantar comhcheangail idir an tairseach le haghaidh meaitseáil eastát réadach éifeachtach nuálach seo agus bogearraí bróicéireachta eastát réadaigh, cruthaíonn sé sin pointe díolacháin speisialta don bogearraí bróicéireachta eastát réadaigh, rud tábhachtach i gcomhair sciar den mhargadh a fháil.

Ós rud tábhachtach don idirghabháil eastát réadaigh é luacháil réadmhaoine, anois agus i gcónaí, ní mór d'uirlis luachála eastát réadaigh bheith comhcheangailte leis an mbogearraí bróicéireachta eastát réadaigh. Is féidir leis an luacháil réadmhaoine, lena ríomhaireacht féin, rochtain a fháil ar na sonraí/paraiméadair a thagann ó na gnéithe seolta trí naisc ag an mbróicéir eastát réadaigh. Más gá, cuirfidh an bróicéir eastát réadaigh leis na paraiméadair atá in easnamh agus é/í ag úsáid a s(h)aineolas margaíochta áitiúil.

Ba chóir don bogearraí bróicéireachta eastát réadaigh deis a thabhairt duit turais fíorúla a chur ar fáil don réadmhaoin atá ann. D'fhéadfadh iad siúd a chur ar bun, mar shampla, le haip breise forbartha i gcomhair gutháin soghluaiste agus/nó táibléid, ina féidir taifead de thuras timpeall na réadmhaoine a chomhcheangail go huathoibríoch leis an mbogearraí bróicéireachta eastát réadaigh féin.

Má dhéantar an tairseach éifeachtach nuálach seo le haghaidh meaitseáil eastát réadaigh a chomhcheangail le bogearraí bróicéireachta eastát réadaigh nua i dteannta le luacháil réadmhaoine, méadaíonn sé sin an ioncaim gur féidir a fháil as.

Matthias Fiedler

Korschenbroich, 31 Deireadh Fómhair 2016

Matthias Fiedler

Erika-von-Brockdorff-Str. 19

41352 Korschenbroich

An Ghearmáin

www.matthiasfiedler.net

www.ingramcontent.com/pod-product-compliance
Lightning Source LLC
Chambersburg PA
CBHW071524210326
41597CB00018B/2885